AF280267

Bibliografische Information der Deutschen Nationalbibliothek:
Die Deutsche Nationalbibliothek verzeichnet diese Publikation in der
Deutschen Nationalbibliografie; detaillierte bibliografische Daten sind im
Internet über >http://dnb.d-nb.de < abrufbar.

©2010 Gisela Forberger
Herstellung und Verlag: Books on Demand GmbH, Norderstedt
Umschlag- & Buchgestaltung: Laura Kowalski
ISBN 9783842325579

Die Autorin

Gisela Forberger stammt ursprünglich aus
Sachsen und lebt heute in einem kleinen Dorf in
Brandenburg.
Das Schreiben war zwar seit jeher ihre Leidenschaft,
jedoch hat sie erst mit 70 Jahren ihr erstes Buch
veröffentlicht (Die Alkoholikerin und die Macht der
Liebe: ISBN 978-3-8334-8151-2) und ihr zweites
Buch, „Partnersuche" (ISBN 978-3-8391-6295-8), ist
vor kurzem erschienen.
Mit „Bunte Gedichte" hat sie nun ihren ersten
Gedichtband herausgebracht.

Gisela Forberger

BUNTE

GEDICHTE

Gedichtband

Gewidmet meinem Rolli,
der immer in meiner Nähe ist,
wenn die Muse mich küsst.
Danke.

INHALT

Es ist Mai

Gänseblümchen zu meinen Füßen,
ich meine, dass sie mich grüßen.
Tausende weiße Köpfchen in lauer Maienluft,
verbreiten gar sie diesen Irren Duft?

Oder sind es die Sommerazaleen,
die in rosa, weiß, rot nebenan stehen.
Gegen Abend spürt man ihren Duft,
wie feines Parfüm zerstäubt in die Luft.

Die ersten Rosen sind erblüht,
den weißen Oleander daneben man sieht.
In vielen Farben die Geranien stehen,
ein buntes Bild – ganz herrlich anzusehen.

Blau und gelb – die Iris leuchtet in der Ferne,
den roten Mohn hab ich so gerne.
Die weißen Margeriten und die Clematis gar,
gehören zu den Favoriten in jedem Gartenjahr.

So wechseln sie sich ab, die Gartenschönen,
sie wollen dich und mich verwöhnen.
Ist die eine verblüht und zieht sich zurück,
ist die andere schon da, erfreut deinen Blick.

Reinste Schönheit und höchste Farbenpracht
wird von der Natur alleine gemacht.
Sie zu schützen geht jeden etwas an,
dass sie uns ewig dienen und das Herz erfreuen
kann.

Ein Regenwurm

Ein Regenwurm auf einem Baum?
Was will er dort, ich glaubt es kaum,
dass so ein kleines Ringeltier
auf einem Ast hängt über mir.

Ich schau und warte, was er tut.
Und als er sich hat ausgeruht,
da ringelt er sich wie verrückt,
bis ihm der Absturz ist geglückt

Im grünen Gras die Landung weich,
hier fühlt er sich zu Hause gleich,
zieht seinen Körper irre lang
und gräbt sich einen Erdengang.

Noch einmal kurz gewunden,
ist er meinem Blick entschwunden.
Ein Vogel trug ihn auf den Ast,
doch ihn zu fressen, das hat er verpasst.

Der Regenwurm schaute kurz verdutzt
und hat blitzschnell seine Chance genutzt.
Egal, ob du groß bist oder so klein,
wenn du schnell bist, wirst du der Sieger sein.

Frühlingserwachen

Frühling, bist du es, der die Lüfte wärmt
und meine Gedanken mit Liebe umschwärmt.
Du bist's, der die Knospen zum Schwellen bringt
und in lauen Winden zarte Lieder singt.

Habe lange dich erwartet, ich bin bereit,
öffne dir meine Seele so unendlich weit.
Fülle meine Lungen mit würziger Luft,
ich atme und rieche den Frühlingsduft.

Ich spüre im Herzen neue Energie,
Kraft und Lust, so war mir noch nie.
Gebe ganz mich hin der strahlenden Sonne,
empfange ihre Wärme mit allergrößter Wonne.

Oh Frühling, mache mein Leben wieder schön,
es drängt mich, in die Natur hinaus zu gehen,
um zu erleben, was du hast vollbracht
und dass mir zum Danke das Herze lacht.

Mittagsschläfchen

Hast gut gegessen, der Bauch ist voll
und auch der Wein schmeckte so toll.
Bist von dem Mahle ganz entzückt
und geistig mehr und mehr entrückt.

Du schaffst es grad noch umzufallen
und ‚das Essen war aber gut' zu lallen.
Im selben Moment bist du eingeschlafen,
man hört nur noch dein leises Schnarchen.

Du sagst beim Erwachen ‚war das aber schön'!
Nun könnte der Tag weiter sich dreh'n.
Man sagt doch, ein Schläfchen bringe Kraft,
dabei bist du nachher noch mehr geschafft.

„Wann gibt's endlich Kaffee, ich habe Durst,
ohne Kaffee hab zu gar nichts ich Lust!"
So sitzt man beim Kaffee, schwatzt und lacht
und fragt sich, was hab ich denn heute gemacht?

Endlich Sommer

Sommer, der Sommer ist endlich da!
Ich ersehne ihn ungeduldig in jedem Jahr.
Mein Körper lechzt nach Sonne und Wärme.
Ich ertrage sogar die Insektenschwärme.

In der Sonne liegen und blinzeln ins Licht,
spür die Ameisen an meinem Fuße nicht.
Schau im azur den Schönwetterwölkchen zu,
genieße auf meiner Liege die absolute Ruh'.

Ein Zitronenfalter gaukelt vorüber,
zu mir fliegt brummelnd eine Hummel herüber,
Vogelgezwitscher dringt an mein Ohr,
Augen zu, lausche ich den Stimmen der Natur.

Eine Amsel nascht eine Kirsche vom Baum,
Blumendüfte umwehen mich wie im Traum.
An meine Haut lasse ich die Sonne pur
und in mein Herz, zum Schutze nur.

Plötzlich ziehen dunkle Wolken auf.
Ich verfolge mit Unbehagen ihren Lauf.
Da ist auch schon der erste Regenguss,
beendet jäh den Sommer-Sonnen-Hochgenuss.

Herbstfreuden

Nun ist es Herbst, ich liebe ihn,
in den bunten Wald zieht es mich hin,
wo letzte warme Sonnenstrahlen,
die Nadeln und Blätter der Bäume bemalen.

Der Morgennebel macht feucht die Luft,
verleiht dem Walde besonderen Duft,
fein würzig ist sie, klar und kühl,
ich atme tief, welch ein Gefühl!

Es ist die Zeit, wo den Blick man gesenkt
über den weichen Waldboden lenkt,
wo voller Vorsicht man bedenkt jeden Schritt,
damit man bloß nicht einen zertritt.

Ich pirsche erwartungsvoll durch den Wald,
fühle nicht, dass die Luft ist schon so kalt.
Aufgeregt möchte ich den anderen bekunden:
Ich habe einen Steinpilz gefunden!

Auch die Maronen sind nicht schlecht,
paar Pfifferlinge kommen mir gerade recht.
Der Korb ist voll, die Seele frei,
ich wünsche mir ein nächstes Mal herbei.

Gartenblumenzeit

Die Sonnenblumen strahlen über den Zaun,
sind wie leuchtende Laternen anzuschauen.
Den Dahlien in orange, rot und weiß,
sind mittags dreißig Grad nicht zu heiß.
Malven grüßen von hohen Stängeln herunter,
die Lilien machen das Bild noch bunter.

Margariten, Kokardenblume und Sonnenhut,
sind mit Indianernessel wie Milch und Blut.
Die grazile Cosmea und der Phlox am Zaun
sind ganz genauso schön anzuschaun
wie Ringelblume und Männertreu,
mit gelb und orange wirkt das Blau so scheu.

Vergessen wir die Studentenblumen nicht,
sie füllen alle Lücken, bis der Frost sie bricht.
Ihre Farben von orange über gelb bis zu braun
sind herrlich leuchtend im Herbst anzuschaun.
Das Löwenmäulchen sieht zu dir hin,
worin wohl liegt dieses Namens Sinn?

Wer ist die Königin im Gartenland?
Es ist die Engelstrompete, Datura genannt.
Ihre zarten Trompeten schwängern die Luft
des Abends mit betörendem Duft.
In lauen Sommernächten erschnüffeln wir sie,
anregend beflügelt sie die Phantasie.

Ich sitze noch lange, genieße den Abend, mich an
den würzigen Lüften labend.

Trauriger Garten

So traurig war das neunundneunziger Jahr,
weil es überhaupt kein Obstjahr war.
In den Kirschen hat die Monilia gehaust,
den Rest haben dann die Vögel gemaust.
In acht Tagen waren die Kirschen verputzt,
nicht mal ne Vogelscheuche hat was genutzt.

Der Pflaumenbaum hatte nicht mal ne Pflaume,
die Äpfel faulten schon unreif am Baume.
Himbeeren waren auch nicht viel dran,
Nacktschnecken steuerten die Erdebeeren an
und fraßen sie ab, ehe man es gedacht,
wie Walzen schlichen sie durch die Nacht.

Und an den zarten Kohlrabipflanzen
sah man die Kohlweißlingsraupen tanzen,
durchlöcherten die Blätter wie ein Sieb,
dazu noch Blattläuse, das war ein Hieb.
Da hilft kein Jammern, kein Geheule,
da gibt es nur eins, die chemische Keule.

Mit dem Salat war es großer Mist,
weil der Samen gar nicht aufgegangen ist.
Die Geranien zeigten welke Blätter,
lag es an mir oder am Wetter?
Die Blumenrabatte ist nicht viel Wert,
in diesem Jahr läuft auch alles verkehrt!

So warte ich auf ein neues Gartenjahr,
das besser sein wird, als dieses war.

Mittagssymphonie

Ich liege in der Sonne
und höre voller Wonne
dem Gesang der Vögel zu,
genieße dabei die himmlische Ruh'.
Eine Kreissäge durchschneidet die Stille.
Ist es wirklich des Nachbarn Wille,
mich zu ärgern – oder was,
das tut er doch nicht nur zum Spaß!

Nebenan wird das Radio aufgedreht,
weil der Sohn auf Techno steht.
Dazwischen bellen Hunde,
ergänzen die Idylle dieser Mittagsstunde.
Ein Laster poltert über den Asphalt,
seine Ladung scheppert und knallt.
Ein Rasenmäher rattert in der Ferne –
die Mittagsruhe hab ich so gerne.

Da wird gehämmert und gepocht,
geschraubt und gebohrt, Loch um Loch.
Holz wird gesägt und laut gesprochen –
schön sind diese Sommerwochen.
Besuch beneidet uns um die Idylle,
wir hätten es gut, dazu diese Stille.
Die Nachbarn grüßen freundlich herüber,
na klar ist's hier schön –
und Schwamm darüber.

Abenddämmerung

Die Dämmerung senkt sich hernieder,
der Himmel ist noch hell.
Ich sitz auf der Bank und sinne darüber,
indes, die Dunkelheit kommt schnell.
Ein Apfel fällt vom Baume
und landet dumpf im Gras,
ich schreck aus meinem Träume,
dass ich ihn glatt vergaß.

Da flattern dunkle Wesen
gespenstisch auf mich zu.
Fledermäuse beim Abendessen
stören meine Ruh.
Ich sehe die ersten Sterne
am dunklen Firmament
und fühl die unendliche Ferne,
die der Mensch noch nicht kennt.

Ein Flugobjekt zieht seine Bahn,
einsam blinkend wirkt es verloren.
Ich verfolge es, solange ich kann,
dann hör ich das Brummen der Motoren.
Und wieder umgibt mich totale Stille,
die Blumen leuchten im Lampenschein,
zu frösteln ist wahrlich nicht mein Wille,
ich stehe auf und gehe hinein.

Unser Apfelbaum

Der Apfelbaum in unsrem Garten
lässt nur bis August uns warten
und schenkt dann, ehe wir's gedacht,
uns seine ganze Apfelpracht.

Ich sitze oft unterm Apfelbaum
und beiße wie in einem Traum
in den ersten Apfel voller Lust,
aber halt, es ist noch nicht August!

Und eines Tages, man hörte es kaum,
der erste Apfel fiel vom Baum,
ein frühreifes Früchtchen verführerisch lacht,
ein ‚Mädchen' hat es zum Fallobst gemacht.

Ich schaue dem Baum zu, wie die Äpfel reifen
und muss mir ab und zu einen schönen greifen.
Von Tag zu Tag saftiger und wonnevoll süß,
sein Name ist ‚Helios', ein Apfel vom Paradies.

Und haben wir uns sattgegessen,
gestillt die Apfellust,
ist vorbei die warme Sommerzeit,
vorbei der schöne August.

Unser Kirschbaum

‚Große Schwarze Knorpel' ist ihr Name
und sie ist eine süße Dame,
saftig, knackig, glänzend schön
ist sie im Sommer anzusehn.

Der Baum steht seit Jahren in unserem Garten,
von April bis Juni muss man warten,
bis die weiße Blütenpracht
sich zu knallroten Kirschen entwickelt hat.

Dann zieht der Baum mich magisch an
solange noch eine Kirsche ist dran.
Ich koste und nasche mehrmals am Tag,
komme so schnell nicht auf den Geschmack.

Doch damit bin ich nicht alleine,
es gibt viele Nascher, die haben sechs Beine.
Fliegen, Bienen, Wespen sind wie besessen
und haben viele Kirschen einfach ausgegessen.

Amsel, Specht und auch der Star
sind zur Kirschreife alle da.
So teilen wir uns die Genüsse
wie sommersüße Kirschenküsse.

Marmeladenzeit

Ich stehe in der Küche und koche Marmelade,
weil ich finde, es ist jammerschade,
wenn etwas von dem, was gewachsen ist,
einfach so landet auf dem Mist.

Ja, diese Arbeit ist mühevoll,
doch eigene Marmelade wundervoll.
Sie lacht dir beim Frühstück verlockend zu
und versüßt die Stimmung dir im Nu.

Du genießt die eingefangene Sonne
jeden Tag mit größter Wonne,
sogar am trübsten Wintermorgen
vertreibt sie dir all deine Sorgen.

Und so gesehen ist sie es wert,
dass ich schon wieder stehe am Herd
und mische und rühre, wie ein Alchimist,
bis sie mir gut gelungen ist.

Fruchtig, würzig, nicht zu süß darf sie sein,
die Farbe hell, dunkel oder rot wie der Wein.
Ich kann ohne sie den Tag nicht beginnen
und glaube, mit ihr kann ich alles gewinnen.

Pilzzeit

Der Pilzfreund wartet lang schon drauf,
dass sich tut die Erde auf,
lässt Pilze sprießen in Wald und Flur,
dann gibt es für ihn das eine nur!

Bis es endlich ist so weit,
lag eine sorgenvolle Zeit.
Der Sommer war trocken, es fehlte Regen,
da kommt es zu keinem Pilzesegen.

Am Mond soll's liegen, weiß man bestimmt,
Pilze wachsen erst, wenn der Mond zunimmt.
Die Luft schön feucht, die Nächte mild,
dann schließen sie aus dem Boden wie wild.

Der Pilzfreund hält es nicht lange aus,
geht fast jeden Tag in den Wald hinaus,
muss nachsehen, ob was gewachsen ist,
damit er auch wirklich der Erste ist!

Er hält es nicht aus, gab es einen Schnellen,
der abgesucht hat seine heimlichen Stellen.
Pilzflecken sind stets topsecret,
wo man nicht einmal mit Freunden hingeht.

Und hat er endlich seinen Korb ganz voll,
ist er stolz auf sich und findet sich toll.
Die Prachtstücke zeigt er überall herum
und fotografiert sie noch für das Fotoalbum.

Tomatenzeit

Tomatenzeit, ja, es ist Tomatenzeit!
Wie Kugeln an Rispen aufgereiht,
leuchten im Garten von weitem schon
die herrlichen Früchte in rotem Ton.

Stolz recken die Stauden ihre Blätter,
lieben das warme, trockene Wetter
und präsentieren ihre reifende Pracht,
dass dem Betrachter das Herze lacht.

Und ihn überfällt die pure Lust,
dass er sie sofort kosten muss.
Saftig, fruchtig, würzig füllt sie den Mund
und ist ganz nebenbei noch so gesund!

Sie sollte auf keinem Teller fehlen,
die Vielfalt der Gerichte lässt sich nicht zählen.
Tomaten sind überall mit drin,
geben einem guten Essen Farbe und Sinn.

Meist kommt das Ende des Juli heran,
bis man die ersten ernten kann.
Inzwischen heißt es: fleißig gießen,
will man eine gute Ernte genießen.

Gibt es dazu warme Sommernächte,
walten heimlich unerkannte Mächte
und schenken dir, ehe du es gedacht,
eine riesenhafte Tomatenpracht.

Lieber Maulwurf

Maulwurf, was bist du für ein Wesen?
So viel hab ich schon über dich gelesen,
lebst unter uns und gegen uns
und stehst gar nicht in unserer Gunst.

Schau ich morgens in den Garten hinaus,
sehe ich die vielen Hügel mit graus,
sehe, wie viel du geschuftet hast,
ich muss dich kriegen, bist mir eine Last!

Stelle Fallen auf, am besten gleich zwei,
am nächsten Morgen lauf ich herbei,
schau nach, nichts drin, die Fallen offen,
werde auf den nächsten Morgen hoffen.

Und wieder zeigt sich das gleiche Bild,
das macht mich langsam wuschig und wild,
Falle leer und neue Haufen,
werde dich mit dem Schlauch ersaufen!

Überall ist es weich, das ist eine Plage,
wer schafft wen, ist die einzige Frage!
Doch eines Tages, warte es ab,
dann schaufle ich dir dein eigenes Grab!

Brandenburger Sommer

Es ist Sommer, auch im Brandenburger Land.
Barfuss – meine Füße spielen im Sand,
die Augen geschlossen, träum ich vor mich hin,
die Gedanken bekommen einen realen Sinn.

Die Sonne wärmt meine Haut, spür neue Kraft,
möchte vollenden, was ich noch nicht geschafft,
schmiede Pläne für jetzt und für übermorgen,
habe wieder Glücksgefühle, will keine Sorgen.

Das Herz geht mir auf, summe eine Melodie,
fühle leicht mich und frei, so war mir nie.
Ist es die Sonne, die Wärme oder liegt's an dir,
dass das Leben auf einmal so gut ist zu mir.

Hummellied

Kleine, süße, dicke Hummel,
gar zu schön ist dein Gebrummel,
tauchst du in eine Blüte ein,
klingt es wie Zufriedensein.

An den Beinen dicke Taschen,
soviel kann man doch nicht naschen.
Eigentlich wollt ich dich fragen,
wohin willst du diese tragen?

Doch erfahren werde ich's nicht,
weil eine Hummel ja nicht spricht.
Es soll auch ihr Geheimnis sein,
wo eine Hummel ist daheim.

Gänseblümchen

Ein Gänseblümchen in meiner Hand,
das vor meinen Füßen stand,
so klein, so zart, so tausendschön,
am Wegesrand sieht man sie stehn.

Millionenfach auf Flur und Wiesen,
die kleinen Gänseblümchen sprießen,
die genügsam sind und robust sich entfalten,
sind in ihrer Verbreitung nicht aufzuhalten.

Viele Gartenfreunde stechen sie einfach aus,
wolln sie nicht leiden im Rasen und ums Haus.
Mit Kindern Kränze flechten für das Haar,
macht allen viel Spaß, ist so wunderbar.

Sich auszustrecken inmitten der weißen Pracht,
ist wonnevoll, wenn die Sonne dabei lacht.
Ich muss mich beeilen, es klingt fast wie Hohn,
höre von Ferne den Rasenmäher schon….

Mittsommer

Die Sommerwärme tut mir gut,
ertrag die heiße Sonnenglut
im kühlen Schatten sitzend
und so nur mäßig schwitzend.

Ein volles Glas eiskalter Saft
mir innen Abkühlung verschafft.
Sich nicht sehr bewegen,
kommt meiner Stimmung heut entgegen.

Nur meine Gedanken gehen auf Wanderung,
sind mehr als mein Körper noch in Schwung.
Verse entstehen, geben den Worten Sinn,
ich staune, dass ich ein Dichter bin.

Trotzdem es im Schatten ist 30 Grad,
habe die Wolle ich in der Hand,
stricke dicke Pullover für den Winter
für die Kinder meiner Kinder.

Es wird wohl gar nicht so lang dauern,
da wird der Winter auf uns lauern,
doch heut genieß ich diese Hitze,
auch wenn ich dabei noch so schwitze.

Das Vogelhaus

Im Garten steht ein Vogelhaus,
die Vögel fliegen ein und aus,
picken die Körner, die ausgestreut,
um den Hunger zu stillen und zu unsrer Freud.

Die Meisen sind als erste da,
sie bleiben uns treu das ganze Jahr.
Die Sperlinge kommen wie immer in Scharen
mit viel Geschrei in unseren Garten.

Das Rotkehlchen scheu und zurückhaltend ist,
erst wenn alle weg sind, kommt es und frisst.
Die Amsel ist von größerer Statur,
ins Vogelhaus passt sie alleine nur.

Der Kleiber ist immer flink und munter,
läuft den Baum kopfüber hinauf und hinunter.
Und dann kommt, ohne dass man es erwogen,
ein Riesenschwarm Grünlinge angeflogen.

Fliegen sie wieder weg, dann ist das Haus leer
und es bleibt für andere gar nichts mehr.
Ab und zu ist auch der Buntspecht zu Gast,
obwohl er nicht in das Vogelhaus passt.

So geht es mit dem Vogelhaus,
der Mensch, der streut das Futter aus,
die Vögel hungern nicht im Winter
und Spaß daran haben nicht nur die Kinder.

Frostwinter 2006

Die Böhmerheide ist vom Frost erstarrt.
Es glitzert der Schnee, der vereist ist und hart.
Darüber die Sonne als gleißendes Licht
und der Himmel ist blau, tröstet mich nicht.

Gefangen in Kälte und Eis
fordert der Januar 2006 seinen Preis.
Du sitzt nur am Fenster, schaust in den Tag,
ist zum Laufen zu glatt bei minus 15 Grad.

Über Wege, geformt von Frost und Autoreifen,
können die Profile der Stiefel nicht greifen.
Da ist es besser, im Bett zu bleiben
und die Zeit sich mit einem Buch zu vertreiben.

So eine Kälte hat es nicht gegeben
seit wir hier in Böhmerheide leben.
Die Gasuhr rennt, willst du nicht frieren
und gar noch eine Grippe riskieren.

Man hält es aus, auch wenn man nicht will,
reg dich nicht auf, halte einfach nur still.
Und eines Tages, das wäre ja gelacht,
klopft der Frühling an deine Tür –
das hättest du wohl nicht gedacht?

Weihnachtsgefühle am Meer

Weihnachten weit entfernt von den Lieben!
Wo sind meine Gefühle geblieben,
die Heimlichkeiten und Aufregung im Herzen
wandeln sich um in quälende Schmerzen.

Meine Gedanken sind bei euch daheim,
möchte garzugerne bei euch sein.
Der Urlaub am Meer hat auch seinen Reiz,
Weihnachtslieder machen traurig mein Herz.

Ich liege in der Sonne, schaue zum Himmel,
das Rauschen des Windes ist wie Gebimmel.
Lasse meine Gedanken unendlich weit ziehn,
dann sind sie bei euch, bei meinen Lieben.

Möchte bei euch sein und auch hier,
das ist der Widerspruch in mir.
Ich werde ihn nicht lösen, solange es geht,
bis Gesundheit, Kraft und Geld mir fehlt.

Weihnachten auf Teneriffa

Zu Weihnachten am Strand von El Medano,
die Sonne wärmt, macht die Herzen froh.
Mir steht nach Weihnachten nicht der Sinn,
zum Baden im Atlantik zieht es mich hin.

Wo die Wellen klatschen an den Strand,
rollen aus im naturbraunen Sand.
Wo brausende Kämme in weißer Gischt
die Füße umspielen, mit Sand sind vermischt.

Dort will ich sein, wo Wind die Gedanken lenkt
und die freie Natur mir Glücksgefühle schenkt.
Hier atme ich durch, hier tanke ich auf,
lasse meiner Seele unendlich langen Lauf.

Zu Hause werden sie die Gans verzehren
und ihr Gewicht mit süßen Sachen vermehren.
Das Mittagsschläfchen wird keiner versäumen,
dann wird er die Straße von Schnee beräumen.

Ein Segelschiff glitzert draußen auf dem Meer,
die Surfer schießen kreuz und quer.
Der blaue Himmel, die Wölkchen, die Sonne,
das Meer, der Sand, die Wellen. Die Wonne!

Meine Jahrtausendwende

Verabschiedet hat sich das alte Jahrtausend.
Ich spürte NICHTS! Da war es – brausend
stand das Neue vor der Tür.
Ich fragte: „Was willst du von mir?"

„Oh, du bist auserwählt unter Milliarden,
die in das dritte Jahrtausend starten!"
Mit Knallen und Krachen brach es sich Bahn
und leise dann, ganz leise, 2001 fing an.

Ich dachte nach, die Worte noch in den Ohren,
ja, ein Teil der Menschheit ist nur auserkoren,
das neue Jahrhundert auszugestalten
und was gut war zu pflegen und zu erhalten.

So sagte ich mir, du musst auch etwas tun,
keiner darf sich auf Kosten anderer ausruhen.
Erkenne, wenn jemand Böses will,
ist etwas ungerecht, dann halte nicht still!

Soweit dein Arm reicht, mische dich ein,
sieh nicht zu, ist einer hilflos allein.
Die Augen halte offen, man braucht deine Hand
für ein gerechtes, gefühlvolles, friedliches
Heimatland.

Die Nacht, in der Amerika gewählt hat.
Es war der 4. November 2008.

Die Welt hat sich verändert in dieser Nacht.
Wahlen veränderten die Macht.
Ein Schwarzer ist Amerikas 44. Präsident,
Barack Obama – den Namen jeder kennt.
Sein Bild geht um die ganze Erde,
von Hoffnung erfüllt, dass sie besser werde.

Er verspricht Amerika einen Neuanfang
und bringt den politischen Wandel in Gang.
Man sagt, das ist der schwerste Job der Welt,
das Land ist ganz unten, es fehlt an Geld.
Zehn Billionen Dollar sollen fehlen,
die Finanzkrise wird den Rest ihnen stehlen.

Krieg im Irak, die Misere in Afghanistan
sind völkerrechtswidriger Angriffswahn.
Obama verspricht, die Kriege zu beenden,
das Zusammenleben zum Guten zu wenden.
Rassentrennung wird es nie mehr geben,
Schwarz und Weiß wird gleichberechtigt leben.

Ich wünsche Obama viel Glück und die Kraft,
damit er das, was er vorhat, auch schafft.
Ich hoffe, er handelt auch in unserem Sinn,
weil ich heute etwas skeptisch noch bin.
Wird er Busch's Kriegspfad wirklich verlassen?
Es drängt die Zeit, Barack Obama, wir werden
aufpassen!

Extrem-Winter 2010

Was ist das für ein Winter 2010,
einen solchen habe ich noch nicht gesehen.
Schnee liegt hier in solchen Massen,
dass unser Garten ihn kaum kann fassen.

Seit Wochen schneit es nun fast jeden Tag,
dazu der Frost, den keiner so mag.
Es ist glatt, man kann nicht aus dem Haus,
will man nicht fallen, geht man nicht raus.

Die Gasuhr rast rund um die Uhr,
wir brauchen nun mal die Wärme pur,
da spart man nicht, will man nicht erfrieren
oder sich mit Grippeviren infizieren.

Die Dächer tragen Lasten, tonnenschwer,
darum fragen wir uns sorgenschwer,
werden sie halten, bis der Spuk ist vorbei
und der Frühling kommt herbei.

Das gab es zuletzt vor 110 Jahren,
konnte im Fernsehen man erfahren,
dass Schnee weltweit in solchen Höhen
man kann in vielen Ländern sehen.

Winterurlaub in Jandia

Und wieder Urlaub am Atlantik,
was zieht uns her, ist es wilde Romantik?
Ist es auf der Haut die Sonne pur,
wo es zu Hause gibt Schneematsch nur.

Oder ist es das Wellenrauschen,
als könntest du den Meeresgott belauschen.
Ist es gar der Wind, der salzig riecht
und sich in deinem Haar verkriecht?

Ist es der Sand, der weich und fein
will deinen Füßen ein Schmeichler sein.
Hier biete ich der Sonne meinen Körper an,
damit sie ihn reichlich bräunen kann.

In der Hand ein Buch, dazu komme ich nie,
das Lesen beflügelt meine Phantasie.
Der Stift gleitet mühelos übers Papier –
Verse entstehen – sie sind von mir!

Herrlicher Ozean

Atlantischer Ozean – dein Rauschen ist in meinem
Ohr,
Tags und des Nachts, so kommt es mir vor,
zeigst du mir mit Brausen deine Nähe.

Lässt die Brandung klatschen an den Strand,
schäumst die Wellen weit über den Sand
und bannst mit diesem Schauspiel all meine Sinne.

Sagst den Winden, lasst die Wolken verschwinden,
der sonne nur lasst vollen Lauf,
dass sie mich wärmt und braun macht meine Haut.

Trägst mich auf den Wellen wie mit starker Hand
und spülst mich sanft und sicher auf den braunen
Sand,
berührst meine Lippen mit salzigem Kuss.

Ossi und Wessi in der Türkei

Am Side-Strand in der Türkei,
der Sommer ist daheim vorbei,
genießt du noch die volle Sonne,
faul auf dem Bauch, das ist die Wonne!

Du schwimmst im warmen Mittelmeer,
feiner Sand ist um dich her,
schön ist's, am Strand spazierenzugehn
und den Wellen zuzusehn.

Dort treffen sich Frau, Mann und Kind,
die aus andern Ländern sind.
Ob Deutsche, Russen oder Schweden,
sie sind alle nett, jeder redet mit jedem.

Da sitzt der Ossi mit dem Wessi beim Bier,
hat sofort Kontakt: Wo kommt ihr her?
Schnell ist man bei der Politik angekommen,
viele Themen werden durchgenommen.

Gegenseitig hört man sich die Probleme an,
keiner weiß, wie man sie lösen kann.
Arbeitslosigkeit gibt hier wie dort
und die Politik hält nirgends ihr Wort.

Dass man nicht gebraucht wird mit 50 Jahren,
das musste Ost und West schon erfahren.
Und so gesehen sind wir uns längst einig,
werden alle beide ausgebeutet und gepeinigt.

Niemand weiß so recht, wie es werden soll,
wie es jetzt ist, findet keiner es toll.
Jeder versucht eben auf seine Weise,
herauszukommen aus der Scheiße.

Interessiert folge ich den Geschichten,
die Hessen, Bayern und Schwaben berichten.
Vor der gleichen Entscheidung sie alle stehen,
werden sie eines Tages auch zusammen gehen?

Altersgedanken

Ich war 68 im letzten Mai,
früher dachte ich, da sei alles vorbei,
da denkst du nur noch ans Essen,
was wichtig ist, hast du vergessen.

Was schert dich denn die Politik,
hast sicher schon nen kleinen Tick,
wirst nicht mehr richtig ernst genommen,
siehst ohne Brille ganz verschwommen.

Weißt nicht, welcher Tag ist heute,
wie heißen denn bloß diese Leute?
Und wo ist nur mein Schlüsselbund?
Du glaubst, da läuft noch alles rund?

Nun geh ich auf die Siebzig zu
und hab noch immer keine Ruh',
sehe so viel Arbeit auf mich warten,
in Küche, Haus und Hof und Garten.

Essen kochen, Wäsche waschen,
Bügeln, Saugen, Ordnung machen,
Terrasse kehren, Blumen pflegen,
Garten gießen, fehlt es an Regen.

Zum Mittagessen ein Glas Wein,
ein Mittagsschläfchen kann auch sein
und faul mal in der Sonne liegen,
dafür bin ich gleich zu kriegen.

Einen Laptop nenne ich mein eigen,
so viele mussten mir schon zeigen,
wie ich ihn beherrschen kann
und surfen auf der Datenautobahn.

Soll ich mit dem Auto auf die Autobahn,
fängt gleich mein Herz zu flattern an,
fahr nur auf mir bekannten Straßen,
um einzukaufen, nicht zu rasen.

Ich hoff', die Zeit wird mir noch bleiben,
um ein dickes Buch zu schreiben.
Auch schöne Reisen möchte ich machen
und jeden Tag ein bisschen lachen.

Das Leben könnt' so weiter gehen,
denn ich finde es richtig schön.
Und vor der Zukunft, da ist mir nicht bange,
wenn gesund ich bleib noch lange, lange,
lange.

Strandphantasie

Spaniens Himmel ist blau zur Sommerzeit,
über dem Meer spannt der Himmel sich weit,
weiße Segel blitzen im Sommerlicht,
die Brandung geräuschvoll die Wellen bricht.

Ausgestreckt liege ich am Strand,
meine Hände spielen mit dem Sand,
Augen geschlossen, träume ich vor mich hin,
lausche dem Meer, dessen Teil ich jetzt bin.

Da höre ich Musik am fernen Ort,
man hebt mich auf und trägt mich fort,
hüllt mich in goldene Schleier ein
und lässt mich trinken vom köstlichen Wein.

Eine Stimme raunt leise mir zu:
„Genieße du die himmlische Ruh!"
Mit kaltem Wasser bespritzt mich ein Lümmel,
ich erwache im lauten Strandgetümmel.

Teneriffa im Dezember

Auf Teneriffa überwintern,
da wärmst du dir den Hintern,
in der prallen Sonne
und das ist pure Wonne!

Dort gibt es keine Eile,
du übst nur Langeweile.
Und denkst du nicht an morgen,
dann hast du keine Sorgen!

Du hast auch keine Schmerzen
und es geht gut dem Herzen.
Du lässt dich einfach treiben
und möchtest lange bleiben.

Die Rente wird schon reichen,
das wär' ein gutes Zeichen.
Irgendwann, das ist mir klar,
mach ich dieses Märchen wahr!

Teneriffas Südstrand

El Medano,
du herrlicher Strand unterm Wind.
Weißt du,
wie glücklich deine Sonnenanbeter sind?

Passatwinde,
sie schäumen das Meer an den Strand.
Streicheln deine Haut,
liegst du im dunklen Sand.

Wellenreitend,
die Surfer schießen über das Meer.
Surfparadies,
sie kommen von überall her.

Insel der Glückseligkeit,
Teneriffa wird oft so genannt,
Insel des Staunens,
so nenne ich dieses Stück Land!

Insel Fuerteventura

Du Insel im Atlantischen Ozean,
ziehst viele Leute magisch an,
bietest Sonne und Wasser im Überfluss
und gute Hotels sorgen für den Genuss.

Endlose Strände den Wanderer locken
kilometerweit barfuss am Ufer zu joggen.
Brausende Wellen dich bespritzen
erschöpft wirst du dann am im Sande sitzen.

Hast du gute Füße und dein Körper ist fit,
gehst du morgens mit den Strandläufern mit.
Von Costa Calma bis zu Jandias Hafen –
dann bist du geschafft, kannst gut schlafen.

Hier herrscht das ganze Jahr Sommerwetter,
nirgendwo sonst sind die Menschen netter.
Die Kargheit der Insel lernst du lieben,
bist du erst einmal hier geblieben.

Und jedes Mal siehst du neue Hotels,
denn der Tourismus entwickelt sich schnell.
Doch viele Zimmer sind frei und unbestellt,
weil vielen fehlt dazu das große Geld.

Wieder auf Fuerteventura

Ein Gedicht will ich schreiben
von meinen Gefühlen, meinem Treiben.
Sitze auf einer Liege fast am Meer,
in meinem Kopf, scheint's mir, ist's leer.

Schau dem Spiel der Wellen zu,
hör leise Musik, genieße die Ruh'.
Den Blick gerichtet über das kräuselnde Meer,
beruhigt meine Seele noch viel mehr.

Es ist ein Stück vom Paradies,
wenn es eins gibt, dann ist es dies.
Und über allem der Sonnenschein,
lässt braun die Haut, das Meer wie Silber sein.

Bin ein Teil dieser Welt,
die mich heute hier gefangen hält.
Möchte anhalten diese herrliche Zeit,
wo der Alltag liegt so unendlich weit.

Karlovy Vary

Machst du in Karlovy Vary Kur
ist das für dich die Wonne pur.
Die ‚Anwendungen' tun ja so gut
und bringen dir neuen Lebensmut.

Liegst in der Wanne ausgestreckt,
von perlendem Wasser ganz bedeckt,
es prickelt und grabbelt auf der Haut
und jeglicher Stress wird abgebaut.

Thermokissen auf Schulter und Rücken
entfalten schon das bloße Entzücken.
Danach die Massage mit geübter Hand,
bringt dich total außer Rand und Band.

Tut es dir weh in Gelenken und Knie
hilft ergänzend die Elektrotherapie.
Unterwassermassage mit scharfem Strahl
lindert Rückenschmerzen allemal.

Das Trinken der Quellen dreimal am Tage
bringt echte Wirkung, ist nicht nur Sage.
Kleine Schlucke aus dem Kännchen getrunken
und du bist im Kurtrott bald tief versunken.

Tauchst am Ende der Kur du dann wieder auf
und der Alltagsstress nimmt seinen Lauf,
fühlst du die Wirkung noch gut in den Gliedern
und hast du es nötig, dann kurst du wieder.

La Gomera

La Gomera, interessante Insel der Kanaren,
von hier ist Columbus nach Amerika gefahren.
Ich durfte einen Tag hier verbringen (30.12.99)
und kann diese Schönheit nun besingen.

Auf den höchsten Bergen konnte ich stehn
und in die tiefen Schluchten sehn,
wo weiße Häuschen an Hänge sich klammern,
man hört nicht, ob die Menschen hier jammern,
weil die Mühe so groß auf dem Terrassenfeld
oder weil Arbeit fehlt und so auch das Geld.

Neue Straßen Dörfer und Höhen verbinden,
Serpentinen steiles Gefälle überwinden.
Voller Angst schließe ich die Augen zu
und Schweiß bedeckt meine Stirn im Nu.
Das Herz klopft zum Hals, die Hände sind kalt,
der Bus gewährte uns sicheren Halt.

Der Blick hinunter bis zum Meer
entschädigt dafür umso mehr.
Unschuldsvoll glitzert es in der Sonne,
entlockt dir Gefühle von höchster Wonne.
Darüber der Himmel im reinsten Azur,
das Herz geht mir auf von Glückseligkeit pur.

Die ‚grüne Insel' wird La Gomera genannt,
die Vielfalt der Pflanzenwelt hat mich gebannt.
Ob Palmen, Agaven, Wolfsmilch, Kakteen,
alles das hab ich so noch nicht gesehn.
Über allem die Sonne, die Wärme bringt,
aus dunklen Passatwolken Feuchtigkeit dringt.

Einmal erlebt und nie mehr vergessen,
wer dort war, ist von dem Zauber besessen.

Appell an meinen Schutzengel

Hallo, wo bist du, mein Schutzengel du,
ich bitte dich herzlich, hör mir doch mal zu:
Ich will verreisen, nach Spanien soll's gehen,
möchte ein Stück von der Welt mir besehn,
bevor man zu alt und die Beine sind matt
und dass man dann später zu denken was hat.

Nun hab ich doch Angst und davon viel zu viel,
glaubst du, wir erreichen gefahrlos das Ziel?
Ich habe an dich nur die einzige Bitte:
Setze dich bitte in unsere Mitte
und geleite das Auto mit sicherer Hand
bis in unser Urlaubsland.

Will auch nach Teneriffa fliegen
und am Strand von Fuerteventura liegen.
Und darum bitte ich dich so sehr,
trage uns sicher über das Meer,
breite deine Flügel über uns aus
und bringe uns sicher auch wieder nach Haus.

Jetzt, da die Welt hat so viel Unglück und Hass,
gibt es nur noch sehr wenig Spaß.
Zu viele Ängste werden ständig geschürt,
die man bei Tag und bei Nacht verspürt.
Schutzengel, beschütze bitte meine Seele,
damit sie keine Ängste quälen.

Böhmerheide - mein Heimatdorf

Böhmerheide liegt im Brandenburger Land,
nordöstlich am Schorfheider Waldesrand.
Sie wurde mir Heimat und meine heile Welt,
hier ist mein Zuhause, wo es mir so gefällt.

Da lädt der Wald zum Wandern ein
und Pilze suchen Groß und Klein,
auf Fahrradtouren durch Wald und Flur,
tankt man gute Luft für Gesundheit pur.

Der ‚Weiße See' lädt zum Baden ein,
das Wasser ist herrlich und unsagbar rein.
Man kann im See ausgiebig schwimmen
und um den See den Körper trimmen.

Auf der Liegewiese lässt sich's träumen,
und ruhig mal einen Tag versäumen.
Die Kinder finden hier ihr Glück,
wollen erst spät nach Hause zurück.

Wer mag, der angelt einen Hecht,
der Fischreichtum im See ist echt.
Im Schlauchboot in der Sonne liegen,
im Angelkahn die Nacht genießen.

Reizvoll ist es auch im Winter,
da rodeln am Seeberg gern die Kinder,
laufen Schlittschuh übers Eis
und der Wald, der glitzert, ach, so weiß.

Zittau - meine Geburtsstadt

Bin in Zittau gewesen, wo ich geboren bin,
in die Stadt zog es seit langem mich hin,
wollte sehen, was aus ihr geworden ist
und ob mich gar ein Zittauer grüßt.

Ein Reisebus hat dorthin uns gebracht,
mein Herz hat vor Aufregung Sprünge gemacht.
Ich stieg aus dem Bus und schaute mich um,
sah fremde Häuser um mich herum.

Helle Fassaden, schön restauriert,
Fußgängerzonen hübsch ausstaffiert,
dazwischen Altes – dem Verfall preisgegeben,
hoffend, bessere Zeiten zu erleben.

Und schaue ich mir den Neumarkt an,
ich mich nur noch wundern kann.
Er war einmal Zittaus schlimmster Platz,
jetzt ist er toll – mit einem Satz.

Die ganze Industrie ist tot!
Sie prägte einmal diesen Ort.
Für alle hat es Arbeit hier gegeben,
es war schön, in dieser Stadt zu leben!

Die Weber, Spinner, Autobauer,
sind auf den Staat so richtig sauer.
Kein Autobauen, Spinnen, Weben
durfte es nach der Wende geben!

Was nutzt dir eine schöne Stadt,
wenn du nichts im Beutel hast.
Doch ,Grüner Ring' und Blumenuhr
sind nicht für die Touristen nur.

Ich stand und schaute ringsumher,
die Stadtführerin erzählte mehr
von Dingen, die ich früher nie erfuhr,
ich hörte zu und staunte nur.

Sie sprach über Kloster, Kirche und Fastentuch,
es anzusehen, lohnte den Besuch.
Doch dass hier fast keiner mehr Arbeit hat,
überging sie glatt.

Heimatliche Gefühle ergriffen mich nicht,
zu fremd war alles – aus meiner Sicht.
Habe meine Geburtsstadt wiedergesehen –
und nun möchte ich nach Hause gehn!

Flößerfesthymne
(vertont 2008)

In Finowfurt ist Flößerfest,
das keiner sich entgehen lässt,
sie kommen her von nah und fern
und woll`n dabei sein gar zu gern.

Vater, Mutter, Oma, Kind,
heute toll in Stimmung sind,
warten auf `nen Platz im Floß,
doch die Drängelei ist groß.

Das Flößerfest ist ihre Welt,
die Sonne lacht vom Himmelszelt,
alle gehen erst spät nach Haus,
genießen hier den Gaumenschmaus.

Weil es so gemütlich war,
sind nächstes Jahr wir wieder da,
dann wird es noch viel schöner sein
bei Bürgermeisters Fässchen Wein.

Refrain:
Beim Flößerfest ist heut was los, ho, ho, ho
und die Stimmung ist ganz groß, ho, ho, ho
Wir feiern bis tief in die Nacht,
da wird getanzt, da wird gelacht.

Urlaubsgedanken

Ich sitze am Pool
und finde es cool,
die Sonne auf mir
und ich neben dir.

Das Leben ist schön,
möchte ewig so gehen,
ein Stück Paradies,
so wonnevoll süß.

Ziehen graue Wolken auf,
pfeif ich eins drauf,
kommt die Sonne wieder,
sing ich neue Lieder.

So zieht die Zeit dahin,
ich bin noch mittendrin,
genieße jede Stunde,
bin gern in froher Runde.

Und kommt einst der Tag,
an den ich nicht denken mag,
habe ich nichts zu bereuen,
und meine Asche, die sollte man verstreuen…

Spätsommer

Ein Spätsommertag,
wie ich ihn mag.
Die Luft so lau,
der Himmel blau,
mit weißen Wölkchen geschmückt,
davon die Seele beglückt.

Auf der Bank vor dem Haus
ruh ich mich aus,
lass die Hände nichts tun,
einfach nur ruhn.
Fühle im Herzen Glück,
genieße diesen Augenblick.

Die verlegte Brille

Hurra, hurra, hurra!
Die Brille ist wieder da!
Hab lang genug nach ihr gesucht
und schon die ganze Welt verflucht!

Ohne sie bin ich halb blind
und irr umher, dass ich sie find.
Und dabei bin ich aufgeregt,
wo hab ich sie bloß hingelegt?

Ich warte auf den Geistesblitz,
die Sache ist ein schlechter Witz.
Dann ist sie da, ich sag es still:
Die Brille lag   -   im Müll!

Herbstdepression

Es interessiert mich nicht,
ob die Sonne scheint,
egal, ob der Himmel große Tränen weint.

Es interessiert mich nicht,
ob die Blumen noch blühn,
egal, ob die Vögel nach Süden schon ziehn.

Es interessiert mich nicht,
ob es schwarze Nacht,
egal, ob leuchtet die Sternenpracht.

Es interessiert mich nicht,
ob es warm ist oder kalt,
mir ist alles egal, bin hässlich und alt!

Es interessiert mich nicht,
ob es Freunde noch gibt,
es ist mir egal, ob mich jemand liebt.

Es interessiert mich NICHTS!
Für heute ist alles verdorben,
ist doch egal, ich bin wie abgestorben!

Der moderne Wunschzettel

Lieber guter Weihnachtsmann,
schau mich nicht verzweifelt an,
keiner, glaub mir, lacht dich aus,
gibst heut du die Geschenke raus!

Hab dir ne SMS gemailt,
dass mir ne neue Karte fehlt.
Ich stehe total auf dem Schlauch
und braucht ein Fotohandy auch.

Nicht schlecht ein neues Outfit wär
mit geilen Jeans so ungefähr,
ein Oberteil so krass und scharf,
entspräche glatt meinem Bedarf.

Ein cooler Ring, ein Piercing, eine Kette
und was ich sonst noch gerne hätte.
Von `Tokio Hotel` die neueste CD,
fände ich auch eine Superidee.

Weihnachtsmann, ich hoffe, du bist nicht zu alt
und hast meine Wünsche auch echt geschnallt.
Im Internet werde ich dir mailen,
sollte mir doch noch etwas fehlen.

Nun schau mich nicht so böse an,
du bist nun mal der Weihnachtsmann!

Der Fuchs auf der Terrasse

Als gemütlich wir beim Frühstück saßen,
genüsslich unsre Brötchen aßen,
erfreute uns die Vogelschar,
die draußen schon zugange war.

Das letzte Laub vom Baume fiel,
hell war der Morgen, kühl und still,
die Zeitung war schon aufgeschlagen,
gerad' so wie an allen Tagen.

Da fiel mein Blick zur Terrasse hinaus
und gleich war es mit der Ruhe aus,
was ich da sah, konnt' ich nicht fassen,
da stand ein Tier auf der Terrasse.

Ich schrie: „Ein Fuchs, ein Fuchs steht dort,
komm' doch her, sonst ist er fort!"
Er leckte sich das Maul und stand ganz still,
wusste wohl nicht, wohin er will.

Ich holte die Kamera schnell für ein Bild,
auf ein Beweisfoto war ich doch ganz wild.
Inzwischen war spurlos er verschwunden,
hab' ihn trotz Suche nicht wieder gefunden.

Sommer im April

Sommer im April,
das begreife, wer will.
Was wollen Juni und Juli machen,
lassen sie auch die Sonne lachen?
Was lässt sich einfallen der August?
Das hätte ich wirklich gerne gewusst.
Und die Wetterfrösche, was sollen die machen?
…lachen, einfach nur lachen!

Liebeserklärung

Sitze inmitten meiner Blumenoase
wie eingesperrt in einer gläsernen Vase
und warte, mein Schatz, auf dich,
nur darum freue ich mich.

Und kämest du nicht sehr bald,
wäre sogar der Sonnenschein kalt.
Worin, sag mir, bestünde der Sinn meines
Lebens?
Ich suchte ihn ohne dich doch vergebens.